40 postres fáciles sin horno con Tamara

40 postres fáciles sin horno con Tamara

Tamara Gutiérrez
Fotografías de David González

VERGARA

Papel certificado por el Forest Stewardship Council®

Primera edición: julio de 2020

© 2020, Tamara Gutiérrez
© 2020, Penguin Random House Grupo Editorial, S. A. U.
Travessera de Gràcia, 47-49. 08021 Barcelona
© 2020, David González, por las fotografías

Printed in Spain – Impreso en España

ISBN: 978-84-18045-20-2
Depósito legal: B-7.867-2020

Compuesto en M.I. Maquetación S. L.
Impreso en Gráficas 94, S.L.
Sant Quirze del Vallès (Barcelona)

VE 45202

Penguin
Random House
Grupo Editorial

ÍNDICE

INTRODUCCIÓN

HOLA A TODOS

Me llamo Tamara Gutiérrez Amor, tengo treinta y cuatro años y soy de un pueblecito pequeño de León (Robles de Laciana), donde pasé toda mi infancia y adolescencia con mis padres, mi hermano y mis abuelas. Actualmente vivo en León capital con la familia tan bonita que he formado: mi marido David —que me ha apoyado y ayudado siempre y, como no podría ser de otra forma, también en este gran sueño de hacer mi propio libro de recetas— y mis dos niños, Laia y Aarón, que son lo más bonito de mi vida.

Me considero una persona alegre, cariñosa y amable. Y me encanta viajar, conocer lugares nuevos, pero lo que más me gusta es pasar tiempo con la gente que quiero.

Desde muy pequeña me ha encantado la cocina. Siempre que podía y mi madre me dejaba, ¡ahí estaba yo con mi mandil y cuchara en mano para remover todas las salsas! Es todo gracias a mi madre y mis abuelas, que me han transmitido esta pasión por la cocina. Siempre que las veía cocinar o les echaba una mano, les decía: «¡Yo de mayor voy a ser cocinera!». Algunas de mis recetas ya las preparaba mi bisabuela y yo, por supuesto, se las enseñaré a mis hijos.

En 2013, con el gran apoyo de mi marido, creamos nuestro canal de cocina en YouTube, *Platos fáciles con Tamara*, que hoy en día cuenta con más de 350.000 seguidores. En él publicamos todas las semanas recetas muy fáciles, rápidas y asequibles para todo el mundo. Recetas del día a día, que hago en mi casa y comparto con todo mi cariño.

Se ha convertido en nuestro trabajo, lo cual nos encanta y nos hace muy felices.

Con muchísima ilusión y con muchas ganas, ahora he escrito este libro que quiero compartir con todos vosotros. En él encontraréis 40 recetas muy fáciles de postres para preparar sin horno, que espero y deseo que se conviertan en vuestras preferidas y no falten en vuestros recetarios.

Son recetas deliciosas, explicadas paso a paso, que vais a aprender a preparar de una forma rápida y sencilla y con las que sorprenderéis a todos vuestros familiares, amigos y a cualquiera que las pruebe.

▶ YouTube Platos fáciles con Tamara

f @platosfacilesoficial

⊙ @platosfaciles

AGRADECIMIENTOS

Quiero aprovechar para dar las gracias a este gran sello, Vergara, que me ha dado la oportunidad de cumplir un sueño, hacer mi primer libro de recetas.

A mi marido, David, mi mitad, que es mi gran apoyo y me ha ayudado desde el primer momento. Él es quien se encarga de hacer todas las fotos tan bonitas de las recetas.

A mis hijos, Laia y Aarón, que, además de ser mi vida, son mis catadores más agradecidos (siempre con esa sonrisa, diciéndome: «¡Qué rico está, mami!»). Gracias, hijos. ¡¡¡Os quiero tanto!!!

A mis padres, Azucena y Luis, a mi hermano Samuel y a mis abuelinas Concha y Encarna, porque sois un pilar fundamental en mi vida.

A mi cuñado Fernando, que ha aportado su granito de arena en este libro, y a mis suegros Germe y Pablo. También, al resto de mi familia y amigos, a quienes les encantan todas mis recetas.

A mi fotógrafa preferida, Naiara Bueno, por hacerme esta foto de portada tan preciosa.

A mis seguidores de YouTube, que desde el primer momento me han apoyado. Sin ellos, nada de esto habría sido posible. Gracias y mil gracias más.

Y, muy importante: a ti, que has comprado mi libro. Te doy las gracias y deseo que te ayude y te guste tanto como a mí hacerlo.

Muchísimas gracias a todos de todo corazón. Un besazo enorme y ojalá que hasta un próximo libro.

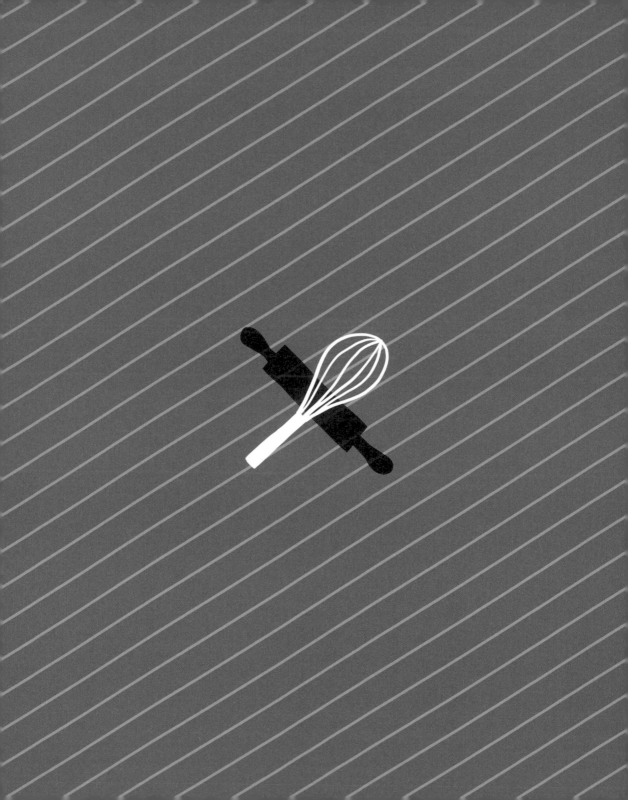

MIS UTENSILIOS DE REPOSTERÍA

MOLDES

MOLDE DESMONTABLE METÁLICO

Este molde es imprescindible para hacer tartas sin horno. Es antiadherente y consta de dos partes, una base circular y un aro con una abrazadera ajustable a la base. Es ideal para tartas a las que luego es difícil darles la vuelta.

MOLDE DESMONTABLE DE SILICONA

Su sistema es similar al del molde metálico desmontable, con la diferencia de que su aro lateral es de silicona antiadherente, gracias al cual las tartas se despegan con mucha facilidad. Además, su base es de cerámica, por lo que va de maravilla para servir directamente en ella.

MOLDE DE TARTALETAS DESMONTABLE

Es un molde con la base extraíble y con el borde ondulado, que da una muy buena presentación a los postres. Es idóneo para todo tipo de tartas, especialmente para hacer tartaletas de fru-

tas. Suelen ser antiadherentes y los hay de distintas formas y tamaños.

MOLDE DE *PLUM CAKE*

Este molde rectangular y metálico es fantástico para hornear bizcochos, pero en él también se pueden hacer tartas. Aunque no es desmontable, si se engrasa con un poco con aceite o mantequilla, o se forra con film transparente, las tartas frías se desmoldan con suma facilidad.

MOLDES DE FLAN

Hay de varios materiales y pueden encontrarse de tamaño individual o de tamaño familiar. Los más comunes son de aluminio o de acero.

MOLDE PARA FLORES (FLORERO)

Este molde metálico con forma de flor sirve para hacer las tradicionales flores de Carnaval (ver la receta de la p. 94).

UTENSILIOS ELÉCTRICOS Y ELECTRÓNICOS

PAPEL DE COCINA

Tiene una capacidad de absorción increíble y, entre otras muchas cosas, va muy bien para escurrir el aceite sobrante de postres que incluyen fritos.

PAPEL VEGETAL
O PAPEL PARA HORNEAR

Este papel tiene muchos usos en cocina gracias a su efecto antiadherente. Principalmente se utiliza para cocinar alimentos en el horno y evitar que se peguen a la bandeja, pero en recetas frías también es muy útil. Yo lo utilizo para cubrir el fondo de los moldes y así facilitar que las bases de las tartas se despeguen sin problemas.

FILM TRANSPARENTE

Es excelente para cubrir preparaciones y conseguir que no absorban otros olores dentro de la nevera. También sirve para forrar el interior de los moldes, de modo que las tartas se desprenden y desmoldan fácilmente.

PROCESADOR DE ALIMENTOS

Con sus cuchillas pica, pulveriza y mezcla los alimentos en seco en pocos segundos, sin necesidad de añadir ningún líquido. Este utensilio es uno de mis preferidos, porque, entre otras cosas, lo utilizo para triturar las galletas con las que hago las bases de mis tartas.

BATIDORA DE VASO

Si la batidora de mano se te queda corta, la batidora de vaso es una opción interesante si quieres batir cantidades más grandes. Además, al tener más potencia, puede triturar ingredientes más duros con relativa facilidad. Es fantástica para preparar batidos o *smoothies* con hielo.

BATIDORA DE MANO
(MINIPIMER)

Permite triturar y mezclar de manera rápida. Es muy versátil, con ella puedes triturar todo tipo de preparaciones en el recipiente en el que estés trabajando, siempre y cuando tenga cierta altura. Tiene el inconveniente de que le falta potencia a la hora de procesar ingredientes muy duros o en grandes cantidades. Algunas suelen incorporar accesorios complementarios, como picadora o varillas.

OTROS UTENSILIOS DE REPOSTERÍA

BÁSCULA

Con la báscula podrás pesar la cantidad de ingredientes en gramos con exactitud. Si quieres precisión en tu cocina, no te puede faltar una.

CUCHARAS, TAZAS Y JARRAS MEDIDORAS

Estos útiles de cocina permiten medir cantidades y volúmenes, tanto de ingredientes sólidos como líquidos. Aunque no son tan exactas como una báscula, son de gran ayuda.

BATIDOR DE VARILLAS ELÉCTRICO

Este electrodoméstico te permitirá hacer todo lo que hacen los batidores manuales y mucho más. Con él podrás montar nata o claras de huevo de manera rápida y casi sin esfuerzo, ya que sus dos varillas, al girar a alta velocidad, introducen mucho más aire en mucho menos tiempo. Las varillas se extraen para lavarlas y dispone de varios niveles de potencia. No puede faltar en tu cocina.

BATIDOR DE VARILLAS MANUAL

Este instrumento es imprescindible en cualquier cocina. Con él puedes mezclar ingredientes tanto secos como húmedos, deshacer los indeseables grumos que se forman a veces y emulsionar multitud de preparaciones introduciendo aire en su interior. Esto hace que el batidor de varillas manual sea indispensable, por ejemplo, para montar claras a punto de nieve o montar nata, si bien para estas dos tareas es más fácil y menos trabajoso si se hace con un batidor de varillas eléctrico.

BROCHA DE COCINA

Normalmente está fabricada con silicona. Con ella puedes engrasar moldes, esparcir coberturas brillantes sobre tartas de frutas o pincelar con agua o huevo los pliegues de una lámina de hojaldre, entre otros muchos usos.

ESPÁTULA 6

Hay espátulas de muchos tamaños, rectas o con codo. Con ellas puedes extender masas, cremas y mousses de manera lisa y uniforme. Es una opción genial para dar una terminación limpia y espectacular a tus postres. Además, si son lo bastante grandes, puedes utilizar un par de ellas para levantar y trasladar tartas y otros postres de una bandeja a otra.

LENGUA PASTELERA 7
O LENGUA REPOSTERA

Es una cuchara plana, generalmente de silicona o de otro material flexible. Con ella puedes remover mezclas de manera envolvente y delicada para que no pierdan aire, como cremas con nata montada o claras a punto de nieve. También sirve para rebañar de forma eficaz las paredes de los recipientes, además de extender y alisar tus preparaciones.

MANGA PASTELERA 8

La manga pastelera es una bolsa con forma cónica. En su lado más estrecho se acoplan boquillas con distintas formas y permite rellenar y decorar tartas y postres con crema pastelera, nata montada, crema de mantequilla y merengue. Las hay de un solo uso (de plástico de uso alimentario) y reutilizables (de materiales como nailon o algodón hidrófobo).

PREPARACIONES IMPRESCINDIBLES

BASE DE GALLETA PARA TARTAS

Lo primero que tienes que hacer es triturar las galletas. Lo más común es utilizar galletas María, pero se pueden usar otras variedades, como galletas Digestive, integrales, de avena, etc...

Yo suelo hacerlo de dos maneras:

La más cómoda y rápida es utilizar un procesador de alimentos, ya que en pocos segundos tendrás un polvo de galleta muy fino.

La segunda forma es meter las galletas en una bolsa de congelar alimentos con cierre zip y golpearlas con un rodillo de amasar hasta romperlas y, una vez hecho esto, pasar el rodillo por encima para terminar de triturarlas.

El siguiente paso es derretir la mantequilla. Puedes hacerlo en el microondas en intervalos de pocos segundos, o en un cazo a fuego bajo.

Después de tener las galletas trituradas y la mantequilla derretida, combínalas hasta formar una mezcla húmeda parecida a la arena mojada, y que al apretar con una cuchara quede compacta.

Hecho esto, vuelca esta preparación dentro de un molde, distribúyela por todo el fondo y luego alisa y compacta ligeramente con el reverso de una cuchara hasta que quede una capa llana y uniforme. Dicha capa tiene que quedar lo suficientemente compacta como para que no se desmorone, pero no excesivamente apretada.

Un consejo: si quieres darle un matiz de sabor o de textura diferente a la base, puedes agregar cacao en polvo, canela o unos trocitos de frutos secos como avellanas, almendras o nueces.

CÓMO MONTAR NATA

En este libro encontrarás muchas recetas cuyo ingrediente base es la nata para montar. Por eso te daré algunos consejos infalibles para que te quede siempre bien firme y así conseguir unos postres muy suaves y cremosos.

Lo más importante es utilizar una nata para montar con un porcentaje de grasa igual o superior al 35 %. Tiene que estar bien fría. Yo tengo un truco, que consiste en guardarla siempre en la nevera, y luego pasar el bric al congelador 20 minutos antes de usar.

Teniendo en cuenta lo anterior, vierte la nata en un bol grande y amplio, preferiblemente de cristal o metálico, y si lo pones en la nevera para que también esté bien frío, mejor.

Bate la nata con una batidora eléctrica de varillas a velocidad alta. Puede hacerse con varillas manuales, pero requiere mucho más tiempo y esfuerzo.

Bate hasta que aumente de volumen y empiece a espesar. Entonces agrega el azúcar, aunque también se puede montar sin él. La proporción que suelo utilizar es de unos 30 g de azúcar por cada 100 ml de nata. Aconsejo usar azúcar glas, porque, aparte de integrarse mucho mejor, con-

seguirás que la nata quede más estabilizada o, lo que es lo mismo, más firme.

Sigue batiendo, pero esta vez a una velocidad más baja, hasta que las varillas empiecen a dibujar surcos consistentes y profundos. Deja de batir y ya la tendrás lista. Guárdala en el frigorífico para mantenerla fría hasta el momento de utilizarla.

Un consejo: tienes que procurar no batirla en exceso para que no se corte y se transforme en mantequilla.

CÓMO HACER CREMA PASTELERA

INGREDIENTES

500 ml de leche entera

La piel de medio limón

1 ramita de canela

4 yemas de huevo talla L

110 g de azúcar

1 cucharadita de esencia de vainilla

50 g de maizena

50 g de mantequilla

1 Calienta en una cazuela pequeña tres cuartos de la leche (375 ml) junto con la piel de limón y la ramita de canela. Cuando hierva, retira la cazuela del fuego, tápala y deja infusionar entre 15 y 30 minutos.

2 En un bol, mezcla con unas varillas las yemas, el azúcar y la esencia de vainilla.

3 Disuelve la maizena con la leche restante, agrégala a la mezcla y sigue batiendo hasta que todos los ingredientes se integren completamente.

4 Pasado el tiempo de infusionado, retira de la leche la rama de canela y la piel del limón, añade la preparación anterior y pon todo a calentar a fuego entre medio y bajo.

5 Con las varillas, remueve constantemente. Para que salga una crema pastelera perfecta, es muy importante tener paciencia, remover en todo momento para que no salgan grumos y cocinar a fuego suave para que el huevo no se cuaje.

6 Cuando la mezcla comience a espesar, revuelve más rápido durante 1 minuto más y apártala del fuego.

7 Acto seguido, añade la mantequilla y remueve hasta que se integre. Con la mantequilla se consigue una textura más suave y cremosa, y un sabor aún más delicioso.

8 Una vez que la mantequilla esté incorporada, vierte la mezcla en un bol. Tápalo con film transparente, de manera que quede en contacto directo con toda la superficie de la crema. Así evitarás que se forme una costra que luego podría generar grumos.

9 Deja que se enfríe a temperatura ambiente y refrigera en la nevera.

10 Antes de utilizar la crema pastelera es necesario removerla bien con unas varillas para que se ablande y quede mucho más fluida y manejable.

MIS TARTAS
FAVORITAS

CHARLOTA ROYAL DE FRESA

INGREDIENTES

(Para un bol de 22 cm de diámetro y 10 cm de alto)

1 brazo de gitano relleno de fresa (unos 400 g)

500 ml de nata para montar

300 g de queso crema

90 g de azúcar glas

250 g de mermelada de fresa

5 hojas de gelatina neutra

ELABORACIÓN

1 Forra el interior de un bol semiesférico con film transparente.

2 Corta el brazo de gitano en rodajas de 1 cm de grosor aproximadamente. Coloca una rodaja centrada en el fondo del bol y a partir de esta ve incorporando más rodajas hasta cubrir todo el interior del recipiente.

3 Para el relleno, sumerge las hojas de gelatina neutra en agua bien fría y deja que se hidraten durante al menos 10 minutos.

4 Echa ¾ de la nata en un bol grande y móntala con una batidora de varillas eléctrica hasta que quede firme.

5 Pon a calentar el resto de la nata en un cazo, apártala del fuego cuando comience a hervir y añade las hojas de gelatina bien escurridas. Remueve con una cuchara hasta que se diluyan completamente.

6 En otro recipiente, bate el queso crema junto con el azúcar glas hasta que la mezcla quede suave. Añade la mermelada de fresa y sigue batiendo hasta incorporarla. Echa la nata con la gelatina e intégralo todo muy bien.

7 Agrega la mitad de esta preparación a la nata montada e incorpórala con una lengua pastelera haciendo movimientos suaves y envolventes para que la nata no pierda aire. Añade la otra mitad y sigue mezclando.

8 Vierte la crema resultante en el molde recubierto con el brazo de gitano y cubre la superficie con más rodajas. Refrigera en la nevera durante 4 horas.

9 Antes de desmoldar, corta el brazo de gitano que sobresalga para que la base quede nivelada y posteriormente desmolda. Retira el film transparente y la charlota estará lista para servir.

TARTA DE QUESO Y LIMÓN

INGREDIENTES

(Para un molde rectangular de 25 x 11 cm)

300 g de queso crema

500 ml de nata para montar

80 g de azúcar

1 sobre de gelatina de limón (85 g)

375 ml de agua

Sobaos para la base (cantidad según el tamaño del molde)

2 o 3 cucharadas soperas de mermelada de arándanos

ELABORACIÓN

1 Calienta el agua en un cazo y cuando arranque a hervir apártalo del fuego y vierte dentro el sobre de preparado de gelatina de limón. Remueve muy bien con una cuchara hasta que se diluya por completo y espera a que se enfríe un poco.

2 Pon dentro de un bol grande el queso crema, la nata para montar y el azúcar y bate con unas varillas hasta que se integre todo.

3 Cuando tenga un aspecto cremoso, agrega el preparado de gelatina y sigue mezclando hasta que se incorpore.

4 Engrasa ligeramente el interior de un molde rectangular tipo *plum cake* con aceite de girasol, intentando llegar bien a todas las esquinas. Otra opción es forrarlo con film transparente.

5 Vierte la mezcla dentro del molde y cubre toda la superficie con sobaos. Tapa con film transparente y deja la tarta en la nevera durante un mínimo de 4 horas.

6 Pasado este tiempo, desmóldala sobre una bandeja y cúbrela con mermelada de arándanos.

TARTA DE SOBAOS Y QUESITOS

INGREDIENTES

(Para un molde rectangular de 25 x 11 cm)

800 ml de leche

12 sobaos

8 quesitos

2 sobres de cuajada

100 g de azúcar

Caramelo líquido

8 o 10 sobaos para la base

ELABORACIÓN

1 Cubre el fondo de un molde estilo *plum cake* con caramelo líquido y reserva.

2 Mete dentro de una cazuela los 12 sobaos ligeramente partidos, los quesitos, el azúcar, la leche y los sobres de cuajada en polvo. Tritúralo todo con una batidora de mano hasta obtener una textura fina y homogénea.

3 Pon a calentar esta mezcla a fuego entre medio y alto y remueve de vez en cuando con unas varillas. Cuando espese y arranque a hervir, sigue cocinando durante 1 minuto más.

4 Aparta la cazuela del fuego y vierte el contenido en el molde, poniendo el reverso de una cuchara en medio para que la mezcla caiga suavemente y así no remueva el fondo de caramelo.

5 Cubre por completo la superficie con los sobaos.

6 Espera a que enfríe a temperatura ambiente y mete la tarta en la nevera durante 3 horas.

7 Coloca una bandeja sobre el molde, voltea rápidamente y con decisión. Da unos ligeros golpes y cuando caiga retira el molde con cuidado. Si se resiste a caer puedes pasar la punta de un cuchillo por todos los lados para que se despegue.

TARTA DE YOGUR DE FRESA

INGREDIENTES

(Para un molde de 23 cm)

Para la base

250 g de galletas María

120 g de mantequilla

Para el relleno

500 ml de nata para montar

50 g de azúcar

200 ml de agua

1 sobre de gelatina de fresa (85 g)

500 g de yogur de fresa con trozos

Para la cobertura

300 g de mermelada de fresa

3 hojas de gelatina neutra

50 ml de agua

ELABORACIÓN

1 Cubre el fondo de un molde desmontable con papel vegetal y haz una base con la mezcla de galletas trituradas y la mantequilla fundida.

2 En un bol grande echa la nata junto con el azúcar y bate con unas varillas eléctricas hasta que aparezcan surcos suaves o poco profundos (no es necesario que quede muy firme). Reserva en el frigorífico.

3 Calienta el agua en un cazo hasta que hierva, entonces apártalo del fuego, echa dentro el sobre de gelatina de fresa y remueve hasta que se disuelva completamente. Vierte el preparado de gelatina en un recipiente junto con el yogur de fresa y mezcla para que se integren.

4 Incorpora la mitad de esta mezcla en la nata montada con una lengua pastelera realizando movimientos suaves y envolventes. Una vez integrada, añade el resto. Tiene que quedar una crema líquida, pero con cuerpo.

5 Viértela dentro del molde y refrigera en la nevera durante 3 horas.

6 Pasado este tiempo, hidrata las hojas de gelatina durante 10 minutos sumergiéndolas en agua fría. Calienta 50 ml de agua en el microondas durante aproximadamente medio minuto. Escurre las hojas de gelatina y disuélvelas en el agua caliente. Añádelo a la mermelada y mezcla bien con una cuchara.

7 Vierte la mermelada sobre la tarta y extiéndela hasta cubrir la superficie. Vuelve a meterla en la nevera y deja que se enfríe varias horas antes de desmoldar.

TARTA DE DÓNUTS

INGREDIENTES

(Para un molde de 23 cm)

Para la base

3 dónuts

8 sobaos

Para el relleno

6 dónuts

500 ml de nata para montar

250 ml de leche

125 g de azúcar blanca

300 g de queso crema

2 sobres de cuajada

Para decorar

5 galletas Digestive

1 dónut

30 g de mantequilla

30 g de azúcar moreno

½ cucharadita de canela en polvo

ELABORACIÓN

1 Tritura en un procesador de alimentos 3 dónuts junto con 8 sobaos hasta convertirlos en migas muy pequeñas. Extiéndelas por el fondo de un molde desmontable, presiona ligeramente con una cuchara o con la parte trasera de un vaso e iguala toda la superficie para lograr una base lisa y compacta.

2 De la misma manera, tritura otros 6 dónuts y resérvalos. Vierte en una cazuela la nata para montar, la leche, el azúcar, el queso crema y los sobres de cuajada. Calienta a fuego entre medio y alto e integra todo con unas varillas. Agrega entonces las migas de dónuts y sigue removiendo continuamente. Cuando la mezcla arranque a hervir, deja que lo haga durante 1 minuto y, a continuación, aparta la cazuela del fuego.

3 Vierte la preparación en el molde, deja que enfríe a temperatura ambiente y acto seguido refrigérala en la nevera durante 3 horas.

4 Para la cobertura de la tarta, tritura un dónut junto con las galletas Digestive, el azúcar moreno, la canela molida y la mantequilla en pomada. Echa esta mezcla sobre la tarta y extiéndela por toda la superficie. Vuelve a ponerla en el frigorífico hasta el momento de servir.

TARTA DE ARROZ CON LECHE

INGREDIENTES

Para la base de galleta

250 g de galletas María

120 g de mantequilla

1 cucharadita de canela en polvo

Para el arroz con leche

1,5 l de leche entera

200 ml de nata para montar

1 rama de canela

La piel de medio limón

100 g de arroz redondo

200 g de azúcar

50 g de mantequilla

1 chorrito de licor de anís dulce

50 ml de agua

6 g de gelatina en polvo neutra

Para decorar

Canela en polvo al gusto

2 ramas de canela

Tiras de piel de limón

ELABORACIÓN

1 Tritura las galletas, pásalas a un bol y mézclalas con la canela en polvo. Añade la mantequilla derretida e intégralo todo. Forra un molde desmontable con papel para hornear y extiende esta mezcla sobre el fondo, alisa y presiona ligeramente con el reverso de una cuchara hasta obtener una base compacta.

2 Pon en una cazuela la leche, la nata para montar, la rama de canela y la piel de limón. Calienta a fuego entre medio y alto y remueve con frecuencia.

3 Cuando empiece a hervir, agrega el arroz, reduce el fuego a baja potencia y cocina durante una hora o hasta que adquiera un aspecto cremoso. Remueve ocasionalmente.

4 Pasado este tiempo, retira la piel de limón y la rama de canela y añade el azúcar, la mantequilla y un chorrito de licor de anís. Mezcla bien y sigue cocinando durante 20 minutos más sin olvidarte de remover de vez en cuando.

5 Mientras tanto hidrata la gelatina en polvo en 50 ml de agua fría.

6 Pasados los 20 minutos aparta la cazuela del fuego. Calienta la gelatina durante 15 segundos en el microondas hasta que se funda, añádela a la cazuela y remueve para que se integre.

Vierte el arroz con leche en el molde, deja que enfríe a temperatura ambiente y después refrigera en la nevera durante al menos 4 horas. Para servir, despega la tarta de las paredes pasando un cuchillo por el contorno y desmolda. Decora con canela en polvo, unas ramitas de canela y unas tiras finas de piel de limón.

TARTA DE CREMA PASTELERA Y FRUTAS

INGREDIENTES

(Para un molde de 24 cm)

Para la base

220 g de galletas María

100 g de mantequilla

Para la crema pastelera (ver la receta de la p. 28)

Para la cobertura de frutas

100 g de frambuesas

50 g de arándanos

2 kiwis

160 g de fresas

1 plátano

Para la cobertura de gelatina

1 sobre de gelatina neutra en polvo (10 g)

2 cucharadas de azúcar

250 ml de agua

ELABORACIÓN

1 Combina las galletas trituradas y la mantequilla derretida hasta conseguir una mezcla parecida a la arena húmeda.

2 Vuelca esta mezcla dentro de un molde grande de tartaleta con la base desmontable, cubre el fondo y las paredes con ella y presiónala para que se compacte y así conseguir una base firme. Reserva en el frigorífico para que endurezca.

3 Mientras tanto prepara la crema pastelera siguiendo la receta de la página 28.

4 A continuación, llena el molde con la crema pastelera y extiéndela por la superficie.

5 Trocea el plátano, el kiwi y las fresas y ponlo todo en un bol junto con los arándanos y las frambuesas enteras. Mezcla con cuidado y distribuye la fruta sobre la tarta hasta cubrir todo el relleno.

6 Para hacer la cobertura de gelatina, mezcla en un vaso el sobre de gelatina en polvo, el azúcar y 125 ml de agua. Calienta otros 125 ml de agua en el microondas durante 40 segundos. Vierte el agua caliente en el vaso con el agua fría y remueve muy bien con una cuchara hasta que la gelatina esté disuelta. Deja enfriar a temperatura ambiente hasta que presente una consistencia densa y viscosa.

7 Reparte la gelatina uniformemente sobre la fruta de la tarta con un pincel de cocina.

8 Refrigera la tarta hasta que la cobertura de gelatina se solidifique.

CHEESECAKES

tartas de queso

CHEESECAKE DE CAPUCHINO

INGREDIENTES

(Para un molde de 16 cm)

Para la base

120 g de galletas María

50 g de mantequilla

Para el relleno

600 g de queso crema

120 ml de leche

6 hojas de gelatina neutra

100 ml de café

100 g de azúcar

1 cucharadita de esencia de vainilla

Para la cobertura de nata montada

300 ml de nata para montar

50 g de azúcar glas

Canela en polvo al gusto

ELABORACIÓN

1 Cubre el fondo de un molde desmontable con papel vegetal y haz una base con la mezcla de galletas trituradas y la mantequilla fundida.

2 Sumerge las hojas de gelatina en un recipiente con agua muy fría y déjalas hidratar durante 10 minutos. Calienta la leche en un cazo y cuando empiece a hervir apártalo del fuego. Escurre las hojas de gelatina y dilúyelas en la leche caliente.

3 Pon en un bol grande el queso crema junto con el azúcar, el café y la esencia de vainilla y bate con unas varillas manuales o eléctricas hasta conseguir una mezcla suave y cremosa. Agrega la leche con la gelatina y sigue batiendo hasta que se incorpore.

4 Vierte esta mezcla en el molde y deja que se enfríe en la nevera durante un mínimo de 4 horas o hasta el día siguiente.

5 Para desmoldar, pasa la punta de un cuchillo alrededor de la tarta para ayudar a que se despegue. Afloja el aro y retíralo con cuidado.

6 Echa la nata en un bol junto con el azúcar glas y bate a máxima potencia hasta que esté montada. Métela dentro de una manga pastelera con una boquilla de estrella cerrada y cubre toda la superficie de la tarta con una generosa capa.

7 Espolvorea canela en polvo al gusto y listo.

CHEESECAKE DE FERRERO ROCHER Y NUTELLA

INGREDIENTES

(Para un molde de 16 cm)

Para la base

120 g de galletas Digestive

60 g de mantequilla

Para el relleno

400 g de queso crema

200 g de Nutella

65 g de azúcar glas

1 cucharadita de esencia de vainilla

200 ml de nata para montar

8 bombones Ferrero Rocher

Para decorar

6 bombones Ferrero Rocher

1 o 2 cucharadas de Nutella

Trocitos de almendra crocanti

ELABORACIÓN

1 Cubre el fondo de un molde desmontable con papel vegetal y haz una base con la mezcla de galletas trituradas y la mantequilla fundida.

2 En un bol grande, pon el queso crema junto con la Nutella, el azúcar glas y la esencia de vainilla. Bate todo con unas varillas eléctricas hasta obtener una crema homogénea y cremosa.

3 Agrega la nata para montar y sigue batiendo durante 3 minutos más o hasta que las varillas empiecen a formar surcos. No hay que pasarse batiendo, conviene evitar que la mezcla se corte.

4 Integra en la mezcla los bombones troceados realizando movimientos envolventes con una lengua pastelera. Vierte la mezcla dentro del molde, alísala y refrigera durante 5 horas o hasta el día siguiente.

5 Para desmoldar, pasa un cuchillo alrededor de la tarta para que se despegue del molde. Retira el aro con cuidado.

6 Para decorar, coloca 6 bombones alrededor de la tarta y entre ellos reparte unos trocitos de almendra crocanti. Finaliza con unos hilitos de Nutella por encima y ya estaría lista.

CHEESECAKE DE FRESA

INGREDIENTES

(Para un molde de 23 cm)

Para la base

300 g de galletas María

240 g de mantequilla

35 g de cacao puro en polvo

Para el relleno

320 g de queso crema

250 g de nata para montar

130 g de azúcar

120 g de leche condensada

120 ml de leche

120 g de fresas

10 g de gelatina neutra en polvo

50 ml de agua fría

Para decorar

Arándanos, frambuesas y fresas

ELABORACIÓN

1 Tritura las galletas, ponlas en un bol y combínalas con el cacao en polvo. Vierte la mantequilla derretida y mezcla hasta que se integre bien.

2 Forra la base de un molde desmontable con papel de hornear, echa la mezcla de galletas dentro y distribúyela por el fondo y las paredes, apretando ligeramente para que se compacte y quede firme.

3 En un bol tritura las fresas con una batidora de mano hasta hacerlas puré y reserva.

4 En un vaso, pon los 50 ml de agua fría junto con la gelatina en polvo. Revuelve con una cuchara y reserva al menos 10 minutos para que se hidrate.

5 En un bol grande, bate el queso crema con unas varillas eléctricas hasta que se ablande. Añade entonces la nata para montar, la leche, la leche condensada y el azúcar. Sigue batiendo hasta conseguir una mezcla espesa y homogénea.

6 Calienta durante 20 segundos en el microondas el vaso con agua y gelatina para que la gelatina se funda, y remueve con una cuchara para asegurarte de que se ha diluido completamente.

7 Viértela en la mezcla anterior e intégrala batiendo durante 1 minuto más.

8 Echa la mezcla resultante en el molde, acomódala y alisa bien con una espátula.

9 A continuación, reparte cucharaditas del puré de fresa por la superficie, procurando dejar separación entre unas y otras. Después, con la punta de un palillo, revuelve con movimientos circulares la superficie de la tarta para hacer dibujos con la fresa y crear un efecto marmolado.

10 Guarda la tarta en la nevera durante un mínimo de 4 horas. Desmolda y decora al gusto con fresas, arándanos y frambuesas.

CHEESECAKE DE CHOCOLATE BLANCO Y FRAMBUESAS

INGREDIENTES

(Para un molde de 16 cm)

125 g de galletas Digestive

60 g de mantequilla

300 g de chocolate blanco

300 ml de nata para montar

300 g de queso crema

100 ml de leche entera

3 hojas de gelatina neutra

250 g de frambuesas

ELABORACIÓN

1 Cubre el fondo de un molde desmontable con papel vegetal y haz una base con la mezcla de galletas trituradas y la mantequilla fundida.

2 Para hacer el relleno, sumerge las hojas de gelatina en agua fría y déjalas hidratar al menos 10 minutos.

3 Mientras tanto, echa la nata en un bol y móntala con unas varillas eléctricas. No es necesario montarla del todo, así que cuando veas que empiezan a salir surcos suaves o poco profundos, deja de batir y reserva en la nevera.

4 Derrite el chocolate al baño maría. Para ello hierve agua en un cazo (3 dedos de profundidad), apártalo del fuego, y sobre él pon un bol con el chocolate troceado. Remueve con una lengua pastelera hasta que se funda completamente.

5 Calienta la leche en el microondas y diluye en ella las hojas de gelatina bien escurridas.

6 Pon en un bol grande el queso crema, el chocolate blanco fundido y la leche con gelatina y mezcla hasta que se integren todos los ingredientes.

7 Agrega la nata montada e incorpórala realizando movimientos envolventes con una lengua pastelera. Tiene que quedar una mezcla cremosa, pero fluida.

8 Vierte un poco de esta mezcla dentro del molde (1 cm de altura aproximadamente). Echa la mitad de las frambuesas y repártelas por toda la superficie. Vuelca el resto de la crema y mueve un poco el molde para que se acomoden todos los ingredientes y no queden zonas sin rellenar.

9 Refrigera durante 4 horas en la nevera. Antes de desmoldar pasa un cuchillo alrededor de la tarta para que se despegue con facilidad. Decora con el resto de las frambuesas.

CHEESECAKE DE KINDER BUENO

INGREDIENTES

(Para un molde de 16 cm)

Para la base

120 g de galletas María

60 g de mantequilla

Para el relleno

400 g de queso crema

200 g de crema de cacao con avellanas

200 ml de nata para montar

5 barritas de Kinder Bueno

60 g de azúcar glas

1 cucharadita de esencia de vainilla

Para decorar

Nata montada

Barritas de Kinder Bueno

ELABORACIÓN

1 Cubre el fondo de un molde desmontable con papel vegetal y haz una base con la mezcla de galletas trituradas y la mantequilla fundida.

2 En un bol, bate la nata con una batidora eléctrica de varillas y cuando esté semimontada agrega el azúcar glas y sigue batiendo hasta que se ponga firme. Reserva en la nevera.

3 En otro bol, bate con las varillas el queso crema junto con la crema de cacao con avellanas y la esencia de vainilla hasta que se integren.

4 Echa la mitad de la nata montada a esta mezcla e incorpórala con una lengua pastelera realizando movimientos envolventes para que no pierda esponjosidad. Añade el resto de la nata y sigue integrándola hasta conseguir una crema homogénea y con cuerpo.

5 Agrega entonces las barritas troceadas de Kinder Bueno y distribúyelas entre la mezcla revolviendo de la misma manera que antes.

6 Vierte la crema resultante en el molde y distribúyela bien para que no queden espacios sin rellenar. Alisa la superficie y refrigera en la nevera un mínimo de 4 horas.

7 Pasa una espátula o un cuchillo alrededor de la tarta para despegarla de las paredes y desmóldala.

8 Decora con nata montada y trocitos de Kinder Bueno al gusto.

CHEESECAKE CON MERMELADA DE FRAMBUESA EN VASITOS

INGREDIENTES

(Para 6-8 raciones)

120 g de galletas María

100 g de mantequilla

250 g de queso crema

500 ml de nata para montar

250 ml de leche entera

145 g de azúcar

1 sobre de cuajada en polvo

Mermelada de frambuesa

Frambuesas y arándanos para decorar

ELABORACIÓN

1 Tritura las galletas hasta que estén molidas y mézclalas con la mantequilla derretida.

2 Reparte 3 cucharaditas de esta mezcla en vasitos o cuencos pequeños. Alisa y compacta con una cuchara.

3 Pon una cazuela a fuego entre medio y alto y añade el queso crema, la nata para montar, la leche, el azúcar y la cuajada en polvo. Remueve de vez en cuando para que se derrita el queso y se integre con el resto de los ingredientes.

4 Cuando arranque a hervir, sigue removiendo durante 1 minuto más. Aparta entonces la cazuela del fuego y rápidamente bate la mezcla con una batidora de mano para eliminar los posibles grumos.

5 Distribuye esta preparación sobre la base de galleta de cada vasito, dejando 1 cm de margen en la parte superior. Deja enfriar a temperatura ambiente y luego refrigéralos durante 3 horas en la nevera.

6 Pasado este tiempo, calienta la mermelada en el microondas durante 30 segundos para que tenga una textura más fluida. Cubre cada vasito con la mermelada y alisa la superficie con una cuchara.

7 Decora con frambuesas o arándanos al gusto.

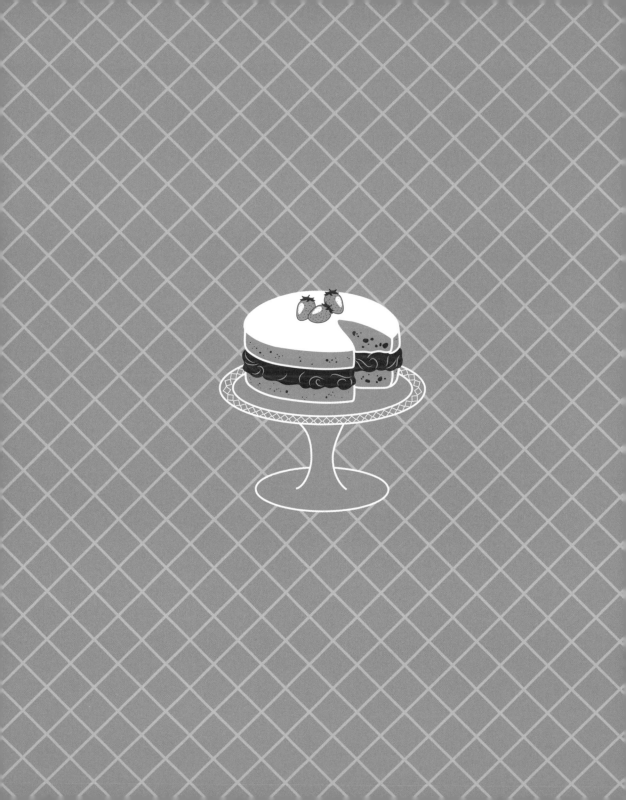

TARTAS PARA
SORPRENDER

TARTA DE DULCE DE LECHE, GALLETAS LOTUS Y CHOCOLATE

INGREDIENTES

(Para un molde de 18 cm)

Para la base

130 g de galletas Lotus

55 g de mantequilla

Para la mousse del relleno

500 g de nata para montar

320 g de dulce de leche

5 hojas de gelatina neutra

Para la cobertura de ganache

120 g de chocolate negro

120 ml de nata para montar

30 g de mantequilla

Para decorar

Nata montada

Galletas Lotus

ELABORACIÓN

1 Recubre el fondo de un molde desmontable con papel vegetal y forma una base con la mezcla de las galletas trituradas y la mantequilla fundida.

2 Para hacer el relleno, sumerge las hojas de gelatina en un recipiente con agua fría e hidrátalas durante 10 minutos. Calienta el dulce de leche en un cazo a fuego bajo y remueve con frecuencia. Cuando esté caliente, aparta el cazo del fuego y añade las hojas de gelatina escurridas. Mezcla hasta que se fundan completamente y espera a que pierda temperatura.

3 Mientras tanto, monta la nata en un bol grande con unas varillas eléctricas hasta que esté firme y resérvala en la nevera.

4 Cuando el dulce de leche ya no esté caliente, vierte la mitad sobre la nata montada e intégralo realizando movimientos envolventes con una lengua pastelera. Una vez incorporado repite el proceso con el resto del dulce de leche.

5 Vierte esta mezcla en el molde y reserva en la nevera durante 3 horas.

6 Calienta 120 ml de nata en un cazo hasta que hierva, retira del fuego y añade el chocolate troceado. Remueve hasta que se funda. Después integra la mantequilla.

7 Saca el molde de la nevera, vierte la ganache encima y extiéndela por toda la superficie. Espera a que enfríe a temperatura ambiente y vuelve a meterla en la nevera durante al menos 1 hora más.

8 Pasa un cuchillo alrededor de la tarta y desmolda. Para finalizar, decora con nata montada y galletas.

TARTA DE STRACCIATELLA CON YOGUR GRIEGO

INGREDIENTES

(Para un molde de 23 cm)

Para la base

250 g de galletas María

120 g de mantequilla

20 g de cacao puro en polvo

Para la mousse

500 g de yogur griego de stracciatella

500 ml de nata para montar

150 g de azúcar glas

100 ml de leche

8 hojas de gelatina neutra

50 g de virutas de chocolate negro

Para la cobertura de ganache

150 g de chocolate para fundir

150 ml de nata para montar

30 g de mantequilla

Para decorar

150 g de frambuesas y algunos arándanos

ELABORACIÓN

1 Tritura las galletas, pásalas a un bol y mézclalas con el cacao en polvo. Añade la mantequilla derretida e intégralo todo. Cubre un molde desmontable con papel de horno y extiende la mezcla sobre el fondo, alisa y presiona ligeramente con el reverso de una cuchara hasta obtener una base compacta.

2 Para el relleno, hidrata las hojas de gelatina en un recipiente con agua fría durante 10 minutos.

3 Mientras, bate la nata en un bol grande con unas varillas eléctricas. Cuando empiece a espesar añade el azúcar glas y sigue batiendo hasta que las varillas dejen surcos. No es necesario que la nata quede muy firme. Reserva en la nevera.

4 Pon a calentar la leche en un cazo, apártalo cuando empiece a hervir, añade las hojas de gelatina bien escurridas y disuélvelas.

5 Vierte esta preparación en un bol junto con los yogures de stracciatella y remueve hasta que se incorporen.

6 Agrega esta mezcla a la nata junto con las virutas de chocolate. Con la ayuda de una lengua pastelera, integra todo con movimientos envolventes.

7 Echa esta mezcla dentro del molde y refrigera en la nevera durante 3 horas.

8 Pasado este tiempo, calienta la nata en un cazo, retírala del fuego cuando hierva y viértela en un bol con el chocolate troceado. Remueve hasta que se funda. Después incorpora la mantequilla.

9 Vierte la ganache sobre la tarta y distribúyela por la superficie.

10 Refrigera durante 1 hora más. Pasa un cuchillo alrededor de la tarta. Desmolda y decora con frambuesas y arándanos al gusto.

TARTA DE YOGUR GRIEGO CON FRAMBUESAS

INGREDIENTES

(Para un molde de 23 cm)

Para la base

250 g de galletas María

120 g de mantequilla

Para el relleno

500 g de yogur griego natural

500 ml de nata para montar

210 g de azúcar

100 ml de leche

8 hojas de gelatina neutra

Para cubrir la tarta

340 g de mermelada de frambuesa

Frambuesas para decorar

ELABORACIÓN

1 Recubre el fondo de un molde desmontable con papel vegetal y forma una base con la mezcla de las galletas trituradas y la mantequilla fundida.

2 A continuación, sumerge las hojas de gelatina neutra en un recipiente con agua fría e hidrátalas durante 10 minutos.

3 Mientras, echa la nata en un bol grande y bátela con unas varillas eléctricas. Entonces agrega el azúcar y sigue batiendo hasta que se formen surcos poco profundos. No es necesario que la nata esté completamente firme. Reserva en la nevera.

4 Calienta la leche en un cazo y retíralo del fuego cuando empiece a hervir. Escurre el exceso de agua de las hojas de gelatina y dilúyelas en la leche. Vierte la leche en un cuenco junto con los yogures griegos y remueve hasta que se integren.

5 Vierte esta mezcla sobre la nata e incorpórala realizando movimientos envolventes con una lengua pastelera hasta conseguir una crema homogénea.

6 Vuelca el relleno dentro del molde y extiéndelo por la superficie para que no queden huecos de aire. Alisa y refrigera la tarta durante 3 horas.

7 Pasado este tiempo, calienta la mermelada en el microondas durante unos segundos para que adquiera una textura más fluida. Cubre la superficie de la tarta con ella y decora con frambuesas.

TARTA DE CREPES DE CHOCOLATE Y GALLETAS OREO

INGREDIENTES

Para las crepes de chocolate

4 huevos

250 g de harina de trigo

500 ml de leche entera

50 g de mantequilla

50 g de azúcar

25 g de cacao puro en polvo desgrasado

Para el relleno

500 ml de nata para montar

60 g de azúcar glas

10 galletas Oreo

ELABORACIÓN

1 Para hacer la masa de las crepes, pon dentro de un recipiente los huevos, la leche, la mantequilla derretida, el azúcar, la harina tamizada y el cacao en polvo. Bate todo con una batidora de mano hasta conseguir una mezcla homogénea y sin grumos. Deja reposar la masa 15 minutos.

2 Mientras tanto, tritura las galletas Oreo en un procesador de alimentos.

3 Calienta una sartén de 24 cm a fuego entre medio y alto. Cuando esté caliente derrite un poco de mantequilla y espárcela con papel de cocina. Vierte un tercio de taza de la masa y extiéndela por toda la superficie.

4 Déjala en el fuego y cuando los bordes se doren y la parte de arriba esté seca, voltéala con la ayuda de una espátula. Cocina el otro lado durante unos 30 segundos. Cuando la crep esté lista, sácala y resérvala en un plato. Repite este proceso con el resto de la masa. Una vez estén hechas todas las crepes, déjalas enfriar.

5 Monta la nata con unas varillas eléctricas y cuando esté semimontada agrega el azúcar glas y sigue batiendo hasta que quede firme.

6 Para armar la tarta, coloca una crep sobre una bandeja, extiende una cucharada de nata montada con una espátula hasta llegar a los bordes y espolvorea por encima un poco de galletas trituradas. Repite este proceso con el resto de las crepes.

7 Finaliza la última capa extendiendo 3 cucharadas de nata montada. Cubre los bordes con galleta triturada y clava la mitad de una galleta en el centro.

TARTA FRÍA DE QUESO MASCARPONE Y NUTELLA

INGREDIENTES

(Para un molde de 18 cm)

250 g de queso mascarpone

200 ml de nata para montar

80 g de Nutella (y algo más para decorar)

45 g de azúcar glas para montar la nata

45 g de azúcar glas para el mascarpone

21 galletas María (aprox.)

200 ml de leche templada

Minigalletas María para decorar

Trocitos de almendra crocanti

ELABORACIÓN

1 En un bol, bate la nata con unas varillas eléctricas hasta que esté semimontada. Añade el azúcar glas y sigue batiendo hasta que se termine de montar.

2 En otro bol integra el queso mascarpone con el azúcar glas.

3 Añade el mascarpone a la nata e incorpóralo con una lengua pastelera. Hazlo con movimientos envolventes para que la nata no pierda volumen.

4 A continuación, remoja ligeramente las galletas con la leche templada y cubre con ellas el fondo de un molde desmontable forrado con papel de hornear. Extiende sobre las galletas un tercio de la mezcla anterior, alisa con una espátula y distribuye por encima unos hilos gruesos de Nutella. Para ello, introduce la Nutella dentro de una bolsa de congelar alimentos y haz un pequeño corte en una de las esquinas.

5 Haz una segunda capa con este orden, repite una tercera y acaba con una última capa solo con las galletas y la crema.

6 Alisa muy bien con una espátula y espolvorea trocitos de almendras crocanti por encima. Forma montoncitos de Nutella alrededor de la tarta y en el centro y sobre ellos coloca una minigalleta María.

7 Cubre el molde con film transparente y deja la tarta en el congelador durante 5 horas.

8 Tras este tiempo desmolda y espera 15 minutos antes de servir.

CHARLOTA DE FRUTAS DEL BOSQUE

INGREDIENTES

(Para un molde de 18 cm)

30-40 bizcochos de soletilla (depende del grosor)

190 g de frutas del bosque (congeladas o frescas)

125 g de yogur de frutas del bosque

220 g de queso crema

80 g de azúcar glas

250 ml de nata para montar

10 g de gelatina neutra en polvo

50 ml de agua fría

Leche para remojar los bizcochos

Frutas del bosque para decorar

ELABORACIÓN

1 Cubre la parte interna de un molde desmontable de 18 cm con bizcochos de soletilla. Para ello, corta 1 cm del extremo de cada bizcocho y colócalos verticalmente, con la parte cortada hacia abajo y la parte sin azúcar mirando hacia el interior. Cuando hayas terminado de forrar la pared del molde, cubre el fondo con más bizcochos.

2 A continuación, pon en un vaso los 50 ml de agua fría junto con la gelatina en polvo, remueve bien y deja que se hidrate durante al menos 10 minutos.

3 Mientras tanto, en un bol, bate la nata con unas varillas eléctricas. Cuando empiece a espesar, añade el azúcar glas y sigue batiendo hasta que esté firme.

4 En otro bol, coloca las frutas del bosque junto con el yogur y el queso crema y tritúralo todo con una batidora de mano hasta conseguir una mezcla homogénea.

5 Calienta el vaso con agua y gelatina en el microondas durante 20 segundos para que se funda. Revuelve el contenido con una cuchara para comprobar que está completamente diluido y viértelo en la mezcla anterior. Bate hasta que se integre.

6 Añade la mitad de esta mezcla al bol con la nata y, ayudándote de una lengua pastelera, intégrala con movimientos envolventes. Hecho esto, agrega el resto y sigue incorporando todo hasta obtener una mezcla suave y cremosa.

7 Vierte la mitad de esta crema en el molde y cúbrela con una capa de bizcochos de soletilla remojados ligeramente en leche templada. Vuelca encima el resto de la mezcla, alisa con una espátula y decora con frutas de bosque.

8 Guarda la charlota en el frigorífico durante un mínimo de 4 horas. Pasado este tiempo, desmolda y rodéala con un lazo para decorar.

PEQUEÑAS
TENTACIONES

HELADO DE NUTELLA Y KINDER BUENO

INGREDIENTES

500 ml de nata para montar

200 g de Nutella

150 g de leche condensada

6 barritas de Kinder Bueno

100 g de Nutella para decorar

ELABORACIÓN

1 Pon en un recipiente la Nutella y la leche condensada y mezcla bien.

2 Bate la nata con unas varillas eléctricas hasta que tenga una consistencia firme.

3 Añade la mitad de la nata a la mezcla anterior, y con una lengua pastelera incorpórala con movimientos envolventes para que la nata mantenga toda su cremosidad. Una vez integrada, haz lo mismo con la otra mitad hasta obtener una crema homogénea.

4 Agrega 4 barritas de Kinder Bueno cortadas en trocitos pequeños y sigue removiendo con movimientos envolventes para que se repartan por toda la mezcla.

5 Vierte la crema de helado resultante en un molde metálico de *plum cake* o en varias tarrinas individuales de cartón. Alisa con la lengua de silicona y luego agita un poco el recipiente para que no queden burbujas de aire en su interior.

6 Para decorar pon 100 g de Nutella dentro de una bolsa de congelar alimentos, realiza un corte en una esquina, aprieta para que salgan hilos de Nutella y échalos por encima del helado. Después, con un palillo, dibuja espirales en la superficie.

7 Reparte por encima trozos de Kinder Bueno, tapa con papel film transparente y ponlo en el congelador durante un mínimo de 5 horas.

MOUSSE DE GALLETAS LOTUS

INGREDIENTES

(Para 8 vasitos)

120 g de galletas Lotus
(y algunas más para
decorar)

50 g de mantequilla

500 ml de nata para montar

290 g de crema de galletas
Lotus

ELABORACIÓN

1 Tritura las galletas y mézclalas con la mantequilla derretida hasta que se integren.

2 Calienta la crema de galletas en el microondas durante 30 segundos y revuelve con una cuchara para que quede líquida y manejable.

3 Para hacer la mousse, monta la nata con una batidora de varillas hasta que esté firme, añade la crema de galletas e incorpórala realizando movimientos suaves y envolventes con una lengua pastelera.

4 Dispón la mousse dentro de una manga pastelera con una boquilla de estrella cerrada.

5 Cubre el fondo de cada uno de los vasitos con 2 cucharaditas de galletas trituradas. Alisa un poco, pero sin apretar. Añade mousse encima hasta casi la mitad del vasito y vuelve a poner 2 cucharaditas de galletas. Termina con otra capa de mousse, de modo que sobresalga de los vasitos.

6 Decora clavando media galleta en el centro y espolvorea con un poco de galletas machacadas.

7 Guarda los vasitos en la nevera durante 3 horas antes de servir.

MOUSSE DE CHOCOLATE Y NARANJA

INGREDIENTES

(Para 6 vasitos)

Para la mousse

500 ml de nata para montar

30 g de azúcar glas

200 g de chocolate negro para fundir

100 g de mermelada de naranja

Para decorar

Chocolate blanco

Piel de naranja

ELABORACIÓN

1 Hierve 3 o 4 dedos de agua en un cazo grande. Apártalo del fuego y pon dentro un bol con el chocolate troceado. Remuévelo hasta que se funda por completo. Retira el bol del cazo y reserva para que el chocolate derretido vaya perdiendo temperatura.

2 Mientras, en un bol grande monta la nata con unas varillas eléctricas. Cuando empiece a espesar añade el azúcar glas y sigue batiendo hasta que esté firme.

3 Sobre la nata montada añade la mermelada de naranja y el chocolate fundido (ya templado) y con una lengua pastelera de silicona incorpóralo todo con movimientos suaves y envolventes hasta conseguir una mezcla aireada y homogénea.

4 Una vez hecha la mousse, introdúcela dentro de una manga pastelera con una boquilla de estrella y llena los vasitos hasta un poco más arriba del borde. Decora con un trozo de chocolate blanco, espolvorea con chocolate blanco rallado y coloca una tira enroscada de piel de naranja.

5 Deja que los vasitos se enfríen en la nevera durante al menos 3 horas antes de servir.

FLAN DE DOS CHOCOLATES

INGREDIENTES

(Para 6 flanes)

500 ml de nata para montar

500 ml de leche

100 g de chocolate blanco

100 g de chocolate negro

2 sobres de cuajada

Caramelo líquido

ELABORACIÓN

1 Carameliza el fondo de 6 flaneras individuales.

2 Para hacer la primera capa del flan, pon dentro de un cazo el chocolate blanco troceado, la mitad de la nata, la mitad de la leche y un sobre de cuajada. Calienta a fuego entre medio y alto y remueve continuamente para que todos los ingredientes se integren.

3 Cuando la mezcla arranque a hervir sigue removiendo 1 minuto más. Retira el cazo del fuego y reparte la preparación en las flaneras hasta cubrir la mitad de su capacidad.

4 Espera a que la mezcla enfríe a temperatura ambiente 10 minutos y luego refrigera durante 10 o 15 minutos en la nevera.

5 Pasado este tiempo prepara la segunda capa. Sigue las instrucciones de la primera, cambiando el chocolate blanco por el negro.

6 Saca los moldes del frigorífico y termina de llenar las flaneras. Deja enfriar a temperatura ambiente y mételos en la nevera durante al menos 3 horas para que terminen de cuajar.

7 Transcurrido este tiempo desmóldalos y ya están listos para comer.

MILHOJAS DE PIÑA CARAMELIZADA

INGREDIENTES

(Para 2 raciones)

6 rodajas de piña en su jugo

400 ml de nata para montar

75 g de azúcar glas

2 cucharaditas de mantequilla

2 cucharaditas de azúcar moreno

Canela en polvo al gusto

Ralladura de lima

Miel al gusto

ELABORACIÓN

1 Bate la nata en un bol con unas varillas eléctricas. Cuando adquiera un poco de espesor, añade el azúcar glas y sigue batiendo hasta conseguir una textura firme. Introduce la nata montada dentro de una manga pastelera con boquilla redonda, cierra con una pinza y resérvala en la nevera.

2 Escurre muy bien las rodajas de piña, disponlas sobre un plato y espolvorea por las dos caras con azúcar moreno y canela al gusto.

3 Pon a calentar una sartén amplia a fuego entre medio y alto con un poco de mantequilla, y espera a que coja temperatura. Cuando la mantequilla burbujee añade las rodajas de piña en tandas de tres y deja que se caramelicen por ambos lados. Cuando estén listas resérvalas sobre un plato cubierto con papel vegetal y espera a que se enfríen.

4 Para montar el postre, pon una rodaja de piña sobre el plato, cúbrela con montoncitos de nata montada y repite esto una vez más. Termina con una rodaja de piña y un montoncito más de nata en el centro.

5 Espolvorea con canela al gusto, decora con un poco de ralladura de lima y riega con un chorrito de miel.

CREMA DE GALLETAS MARÍA Y CARAMELO

INGREDIENTES

(Para 5 raciones)

18 galletas María doradas

500 ml de nata para montar

500 ml de leche entera

90 g de azúcar

9 g de cuajada en polvo (¾ de 1 sobre)

40 g de caramelo líquido

Galletas María doradas para decorar

ELABORACIÓN

1 Rompe las galletas en trozos y ponlas en una cazuela junto con la nata, la leche, el azúcar, el caramelo líquido y la cuajada. Mézclalo todo y espera a que las galletas se empapen.

2 Tritura con una batidora de mano hasta obtener una mezcla líquida y homogénea.

3 Pon a calentar a fuego entre medio y alto y remueve sin parar con unas varillas. Cuando arranque a hervir reduce a fuego bajo y sigue removiendo durante 2 minutos más. Retira la cazuela del fuego y reparte enseguida esta preparación entre 5 cuencos pequeños.

4 Decora con galletas troceadas o enteras y, opcionalmente, riega con un chorrito de caramelo líquido.

5 Deja que se temple a temperatura ambiente y después enfría en la nevera hasta el momento de servir.

POSTRES
TRADICIONALES

LECHE FRITA

INGREDIENTES

1 l de leche entera

80 g de maizena

150 g de azúcar

1 rama de canela

La piel de medio limón

Harina

2 huevos

Aceite de girasol

Azúcar y canela para rebozar

ELABORACIÓN

1 Reserva 200 ml de leche y pon el resto en una cazuela junto con la piel de limón y la rama de canela. Calienta a fuego entre medio y alto y cuando arranque a hervir añade el azúcar. Remueve hasta que este se disuelva completamente. A continuación, aparta la cazuela del fuego, tápala y deja que infusione 15 minutos.

2 Pasado este tiempo, retira la piel de limón y la rama de canela. Diluye la maizena en la leche fría que reservaste al principio y añádela a la cazuela. Vuelve a calentar a fuego entre medio y alto y remueve continuamente hasta que la leche espese.

3 Viértela enseguida dentro de una fuente cuadrada o rectangular engrasada con aceite de girasol.

4 Alisa con una lengua pastelera y cubre con film transparente. Déjalo a temperatura ambiente hasta que esté templado y luego refrigera en la nevera durante 3 horas.

5 Trascurrido este tiempo, corta porciones cuadradas o rectangulares de masa. Rebózalas en harina y sacude el exceso. Acto seguido báñalas en el huevo batido, escúrrelas y fríelas en abundante aceite de girasol hasta que estén doradas por todos los lados.

6 Resérvalas sin amontonar en una bandeja cubierta con papel de cocina absorbente hasta que estén templadas.

7 Reboza cada porción en una mezcla de azúcar y canela.

ARROZ CON LECHE CREMOSO

INGREDIENTES

(Para 4-6 personas)

1,5 l de leche entera

100 g de arroz

200 g de azúcar (y algo más para decorar)

50 g de mantequilla

1 pizca de sal

1 rama de canela

La piel de medio limón

1 chorrito de licor de anís dulce

ELABORACIÓN

1 Calienta la leche en una cazuela a fuego entre medio y alto junto con la rama de canela y la piel de limón. Cuando arranque a hervir añade el arroz y deja que se cocine durante un par de minutos, removiendo de vez en cuando.

2 Reduce el fuego a baja potencia y sigue cocinando, procurando remover con frecuencia.

3 Una vez que la leche haya espesado y cogido cuerpo, retira la rama de canela y la piel de limón. Añade el azúcar y la mantequilla y sigue removiendo hasta que se incorporen. Acto seguido, añade una pizca de sal y un chorrito de licor de anís dulce.

4 Cocina de 5 a 10 minutos más y a continuación aparta la cazuela del fuego y reparte el arroz con leche en cuencos individuales. Déjalos enfriar a temperatura ambiente y después guárdalos en la nevera.

5 Una vez estén bien fríos, espolvorea una fina capa de azúcar por encima y caramelízala con la ayuda de un soplete de cocina.

FLORES FRITAS O FLORES DE CARNAVAL

INGREDIENTES

(Para 20-22 flores)

400 g de harina de trigo

500 ml de leche

2 huevos talla L

¼ cucharadita de sal

2 l de aceite de girasol

Azúcar al gusto para decorar

ELABORACIÓN

1 Para hacer la masa, junta todos los ingredientes en un recipiente y bátelos hasta conseguir una mezcla líquida y sin grumos.

2 En una cazuela u olla de 24 cm de diámetro echa 2 l de aceite de girasol, ya que se necesita profundidad para freír las flores. Pon a calentar a fuego alto y sumerge en el aceite el molde para hacer flores.

3 Cuando el aceite esté bien caliente saca el molde, escúrrelo un poco y rápidamente mételo en la masa, pero sin llegar a cubrirlo del todo. Mantenlo sin mover durante 3 segundos para que la masa quede adherida. Levántalo, sacude con cuidado el exceso de masa y sumérgelo en el aceite sin llegar a tocar el fondo de la cazuela.

4 Cuenta unos 10 segundos, levanta el molde y menéalo ligeramente para que se desprenda la flor (si no lo hace por sí sola, empújala con un tenedor). Una vez que se suelte, vuelve a dejar el molde sumergido en el aceite para que no pierda temperatura. Da la vuelta a la flor hasta que quede doradita por todos los lados, y, una vez esté hecha, reserva sobre una bandeja con papel de cocina para absorber el exceso de aceite. Haz lo mismo con el resto de la masa.

5 Espolvoréalas con azúcar antes de que se enfríen.

TIRAMISÚ CASERO

INGREDIENTES

3 huevos talla L con claras y yemas separadas

135 g de azúcar

250 ml de nata para montar

500 g de queso mascarpone

300 ml de café normal o descafeinado

30 ml de amaretto o ron

300 g de bizcochos de soletilla

2 cucharadas de cacao puro en polvo

ELABORACIÓN

1 En un bol, bate con las varillas eléctricas las claras de huevo junto con un tercio del azúcar hasta que aumenten su volumen y queden firmes.

2 En un bol aparte, monta la nata con otro tercio del azúcar.

3 En un tercer bol, bate las yemas de huevo junto con el azúcar restante hasta conseguir una mezcla cremosa.

4 Mete el queso mascarpone dentro de un bol grande y bátelo, lo justo para que se ablande.

5 Vierte sobre el queso la mezcla de yemas de huevo y azúcar y sigue batiendo hasta que se integren.

6 A continuación, añade las claras a punto de nieve e intégralas realizando movimientos envolventes con una lengua pastelera. Entonces agrega la nata montada e incorpórala de la misma manera hasta obtener una mezcla cremosa y homogénea.

7 Mezcla el café con el amaretto o, en su defecto, con ron.

8 Para montar el tiramisú, cubre el fondo de una fuente rectangular con los bizcochos de soletilla ligeramente humedecidos en el café con licor. Extiende por encima la mitad de la crema y repite el proceso con otra capa de bizcochos y otra de crema.

9 Alisa bien la superficie con una espátula y espolvorea cacao puro en polvo hasta cubrir.

10 Guarda el tiramisú en la nevera durante 4 horas antes de servir.

Nota: Utiliza huevos comerciales con garantías sanitarias y dentro de la fecha de caducidad.

NATILLAS CASERAS

INGREDIENTES

(Para 4 raciones)

500 ml de leche entera

3 yemas de huevo

100 g de azúcar

1 cucharadita de azúcar vainillado

1 cucharada de maizena

1 rama de canela

La piel de medio limón

4 galletas María

Canela en polvo para decorar

ELABORACIÓN

1 Calienta 350 ml de leche en una cazuela a fuego medio junto con la rama de canela y la piel de limón. Remueve de vez en cuando.

2 Cuando la leche esté caliente, sin que llegue a hervir, aparta del fuego y deja infusionar.

3 Mientras tanto, echa las 3 yemas de huevo, el azúcar y el azúcar vainillado en un bol. Mézclalo todo con unas varillas.

4 Disuelve la maizena en 150 ml de leche y luego añádela al bol junto con las yemas y el azúcar. Mezcla hasta que quede todo bien integrado.

5 Cuando la leche infusionada esté templada, retira la rama de canela y la piel de limón. A continuación, añade la mezcla de yemas de huevo, azúcar, maizena y leche.

6 Calienta a fuego medio sin dejar de remover. Es importante que la mezcla no llegue a hervir.

7 Cuando las natillas empiecen a espesar, aparta el cazo del fuego y repártelas en cuencos individuales.

8 Para decorar, coloca una galleta María y espolvorea un poco de canela en polvo por encima. Refrigera en la nevera antes de servir.

TARTA DE FLAN Y GALLETAS (TARTA DE LA ABUELA)

INGREDIENTES

(Para un molde de 23 cm)

1 l de leche (y algo más para mojar las galletas)

2 sobres de preparado de flan (de 4 raciones cada uno)

1 cucharadita de esencia de vainilla

120 g de azúcar

400 g de galletas María

Para la cobertura

150 g de chocolate para fundir

150 ml de nata para montar

30 g de mantequilla

Para decorar

Bolas de galleta y chocolate

ELABORACIÓN

1 Diluye los sobres de preparado de flan y la esencia de vainilla en 300 ml de leche.

2 Calienta a fuego medio el resto de la leche, incorpora el azúcar y espera a que empiece a hervir. Entonces agrega la mezcla del preparado de flan y revuelve sin parar hasta que espese.

3 Retira del fuego y comienza con el montaje de la tarta.

4 Para ello, moja ligeramente las galletas en la leche, colócalas en el fondo del molde y echa la mitad del preparado de flan con suavidad. Pon otra capa de galletas y vierte la otra mitad de la mezcla. Finaliza con otra capa de galletas.

5 Calienta en un cazo a fuego medio la mantequilla junto con la nata para montar. Una vez que la mantequilla se haya derretido, baja el fuego al mínimo y añade el chocolate troceado. Remueve continuamente hasta que se funda y se integre con la nata.

6 Aparta del fuego, vierte el chocolate sobre la capa de galletas de la tarta y extiéndelo por toda la superficie. Decora con las bolas de chocolate y deja que enfríe a temperatura ambiente. Después refrigérala un mínimo de 4 horas.

7 Antes de desmoldar, pasa un cuchillo alrededor de la tarta para que se despegue con facilidad.

TERESITAS DE CREMA CON MASA DE HOJALDRE

INGREDIENTES

(Para 8 unidades)

Crema pastelera

1 masa rectangular de hojaldre (275 g aprox.)

Un poco de agua

Aceite de girasol para freír

Azúcar y un poco de canela para decorar

ELABORACIÓN

1 Prepara una crema pastelera siguiendo la receta de la página 28.

2 Divide la masa de hojaldre en 8 rectángulos iguales y sepáralos unos de otros. Con una manga pastelera, distribuye la crema sobre uno de los laterales más largos de cada rectángulo, dejando un pequeño margen por arriba y por abajo.

3 Moja ligeramente con agua los bordes de la masa ayudándote con la yema del dedo. Enrolla el hojaldre empezando desde el lateral donde está la crema, y procura no apretar demasiado para que el relleno no salga por los extremos. Completa la vuelta y deja la parte del cierre hacia abajo. Repite con el resto de los hojaldres. Sella los extremos presionando con la punta de un tenedor.

4 Una vez tengas las teresitas formadas, fríelas en abundante aceite de girasol hasta que estén doradas por todos los lados y resérvalas sobre papel absorbente de cocina.

5 Antes de que se enfríen, rebózalas en una mezcla de azúcar y canela.

FLAN DE LECHE CONDENSADA EN EL MICROONDAS

INGREDIENTES

(Para un molde de 16 cm)

4 huevos talla L

350 g de leche condensada

250 ml de leche

1 cucharadita de esencia de vainilla

Caramelo líquido al gusto

ELABORACIÓN

1 Cubre con caramelo líquido el fondo y las paredes de un molde de cristal apto para microondas.

2 Pon la leche, la leche condensada, los huevos y la esencia de vainilla en un bol y bate con una batidora de mano durante 1 minuto, o hasta que todos los ingredientes queden bien integrados.

3 Vierte la mezcla resultante en el molde. Puedes colocar el reverso de una cuchara para que caiga suavemente y no se desprenda la capa de caramelo.

4 Introduce el molde en el microondas y calienta durante 10 minutos a 600 vatios.

5 Para comprobar si el flan está cuajado inserta un palillo; si no lo está, sigue calentando en el microondas a intervalos de 1 minuto hasta que esté listo.

6 Retira el flan del microondas y déjalo enfriar a temperatura ambiente. Posteriormente refrigéralo en la nevera durante 4 horas.

7 Para desmoldar el flan, pon un plato hondo sobre el molde y voltéalo rápido y con decisión.

8 Retira el molde y el flan ya está listo para comer.

DESAYUNOS Y MERIENDAS

ROLLITOS DE CHOCOLATE Y NARANJA

INGREDIENTES

(Para 16 rollitos)

8 rebanadas de pan de molde sin corteza

16 cucharaditas de mermelada de naranja

150 g de chocolate negro

1 cucharadita de cacao en polvo

ELABORACIÓN

1 Aplana las rebanadas de pan de molde con un rodillo de cocina o con un vaso.

2 Extiende sobre ellas un par de cucharaditas de mermelada de naranja y enróllalas. Divide cada rollo por la mitad y reserva.

3 Calienta medio litro de agua en un cazo y apártalo del fuego cuando rompa a hervir. Coloca un bol sobre el cazo con el chocolate troceado. Remuévelo hasta que se funda.

4 Vierte el chocolate fundido en un vaso estrecho para conseguir profundidad. Moja los rollitos hasta la mitad, escurre el exceso y resérvalos sobre papel vegetal. Refrigéralos hasta que el chocolate endurezca. Espolvorea un poco de cacao en polvo sobre cada rollito y ya están listos para comer.

TOSTADAS FRANCESAS RELLENAS

INGREDIENTES

8 rebanadas de pan de molde sin corteza

200 g de fresas troceadas

4 cucharadas de crema de cacao con avellanas

4 cucharadas de queso crema

2 huevos

45 ml de leche

60 g de azúcar

1 cucharadita de canela en polvo

2 cucharadas de mantequilla

ELABORACIÓN

1 Aplasta ligeramente las rebanadas de pan de molde con la ayuda de un rodillo. Unta en cuatro de ellas una capa de crema de cacao con avellanas y en las otras cuatro, de queso crema.

2 Dispón trocitos de fresa a lo largo de uno de los bordes de cada rebanada y enróllalas. Reserva en un plato.

En un plato hondo, bate los huevos y la leche hasta que se integren. Remoja los rollitos ligeramente en esta preparación y fríelos en tandas de cuatro en una sartén a fuego medio con una cucharada de mantequilla en cada tanda. Cuando se hayan dorado por todos los lados, retíralos a un plato con papel absorbente. Para finalizar, rebózalos en una mezcla de azúcar con canela.

GOFRES CASEROS

INGREDIENTES

1 huevo

125 ml de leche entera

50 g de azúcar

4 g de levadura liofilizada
de panadero
(1 ½ cucharaditas)

1 cucharadita de esencia de
vainilla

125 g de harina de trigo

50 g de mantequilla
derretida

¼ de cucharadita de sal

ELABORACIÓN

1 Pon el huevo, la leche, el azúcar, la levadura liofilizada de panadero y la esencia de vainilla en un bol.
Bate con unas varillas hasta que todo quede bien
mezclado. A continuación, añade la harina, la sal y
la mantequilla derretida. Bate de nuevo hasta conseguir una mezcla homogénea y sin grumos. Tapa
el bol con film transparente y deja reposar durante
1 hora en un lugar cálido.

2 Pasado este tiempo, la masa habrá aumentado su
tamaño. Remuévela con una cuchara para que se
desgasifique.

3 Engrasa la gofrera con un poco de aceite de girasol
o mantequilla y espera a que esté caliente y lista
para usar. Entonces, pon porciones de masa en el
centro de cada sección, cierra la tapa y espera a que
se hagan durante aproximadamente 4 o 5 minutos.

4 Saca los gofres y repite hasta terminar toda la masa.

5 Sírvelos en un plato y acompáñalos con frutas, helado, chocolate, nata montada o lo que más te guste.

TORTITAS AMERICANAS CON CHIPS DE CHOCOLATE

INGREDIENTES

275 ml de leche entera

2 huevos medianos

50 g de mantequilla

50 g de azúcar

1 cucharadita de esencia de vainilla

180 g de harina de trigo

3 cucharaditas de polvo para hornear

½ cucharadita de sal

Chips de chocolate al gusto

Mantequilla para engrasar la sartén

ELABORACIÓN

1 En un bol, mezcla los huevos y el azúcar con unas varillas hasta que espumen. Incorpora la mantequilla derretida, que tiene que estar fundida pero no caliente. Añade la leche y la esencia de vainilla. Bate hasta que todo esté bien integrado.

2 En otro bol, mezcla con una cuchara la harina, el polvo para hornear y la sal.

3 Integra los ingredientes secos en los húmedos y deja reposar 10 minutos. Entonces agrega pepitas de chocolate al gusto y mézclalas en la masa.

4 Calienta una sartén antiadherente a fuego medio. Añade un poco de mantequilla y, cuando se derrita, extiéndela por la superficie. Una vez la sartén esté bien caliente, echa un cucharón de masa en el centro y deja que se cocine hasta que empiecen a formarse burbujas. Acto seguido dale la vuelta a la tortita con ayuda de una espátula y cocínala por el otro lado durante unos 30 segundos.

5 Repite hasta que se termine la masa.

6 Apila las tortitas en un plato y decora con Nutella y chips de chocolate al gusto.

COOKIES DE CHOCOLATE AL MICROONDAS

INGREDIENTES

(Para 6 galletas grandes)

2 cucharadas de mantequilla

4 cucharadas de azúcar

2 cucharaditas de esencia de vainilla

2 yemas de huevo talla L

4 cucharadas de harina

2 puñados de chips de chocolate (y alguno más para decorar)

ELABORACIÓN

1 En un bol, pon la mantequilla y caliéntala en el microondas durante 25 segundos o hasta que se funda. Entonces, agrega el azúcar y la esencia de vainilla y mezcla bien.

2 A continuación, añade las yemas de huevo y, una vez integradas, incorpora la harina.

3 Agrega los chips de chocolate y mezcla para que se distribuyan bien en la masa.

4 Corta un círculo de papel de hornear del mismo tamaño que el plato giratorio del microondas y cúbrelo con él. Reparte sobre el papel 3 cucharadas de la masa, procurando dejar un espacio entre unas y otras.

5 Dale a la masa forma circular, pero sin extenderla demasiado. Coloca por encima chips de chocolate al gusto.

6 Caliéntalas en el microondas a máxima potencia durante 1 minuto y 20 segundos o hasta que queden ligeramente doradas.

7 Repite este proceso hasta terminar la masa.

PEPITOS RELLENOS DE NATA

INGREDIENTES

(Para 6 pepitos)

6 panes de perrito caliente

400 ml de nata para montar

50 g de azúcar glas

Azúcar para rebozar

Aceite de girasol

ELABORACIÓN

1 Calienta abundante aceite de girasol en una sartén a fuego entre medio y alto. Fríe los panes de perrito caliente en tandas de tres hasta que estén dorados por ambos lados.

2 Saca los panes del aceite y déjalos escurrir en un plato con papel absorbente. Cuando estén fríos, ábrelos por la mitad y reboza las partes redondeadas en azúcar. Reserva en una bandeja con la parte azucarada mirando hacia arriba.

3 Pon la nata en un bol grande y bate con unas varillas eléctricas. Cuando empiece a tener una consistencia espesa, agrega el azúcar glas y continúa batiendo hasta que se formen surcos consistentes y esté bien firme.

4 Introduce la nata montada dentro de una manga pastelera con una boquilla de estrella. Rellena los panes poniendo una generosa capa de nata montada en la base de cada panecillo. Tapa con la parte de arriba y ya están listos para comer.

❶ BATIDO DE OREO Y CHOCOLATE

INGREDIENTES

4 bolas de helado de vainilla

6 galletas Oreo Golden

50 g de chocolate blanco

300 ml de leche entera

Nata montada para decorar (p. 26)

ELABORACIÓN

1 Introduce el helado de vainilla, las galletas Oreo, el chocolate y la leche en una batidora de vaso. Tápala y bate hasta que todos los ingredientes queden bien triturados.

2 Vierte el batido en un vaso alto y decóralo con nata montada y trocitos de galleta Oreo.

❷ BATIDO DE CHEESECAKE DE FRESA Y OREO GOLDEN

INGREDIENTES

4 bolas de helado de vainilla

6 fresas congeladas

70 g de queso crema

5 galletas Oreo Golden

250 ml de leche entera

Nata montada para decorar (p. 26)

ELABORACIÓN

1 Introduce en la batidora de vaso el helado de vainilla, las galletas Oreo Golden, las fresas, el queso crema y la leche. Tápala y bate hasta que todos los ingredientes estén bien triturados.

2 Vierte el batido en un vaso alto y decóralo con nata montada y trocitos de galleta Oreo Golden.

❸ BATIDO DE CHOCOLATE BLANCO Y OREO GOLDEN

INGREDIENTES

4 bolas de helado de vainilla

6 galletas Oreo Golden

50 g de chocolate blanco

300 ml de leche entera

Nata montada para decorar (p. 26)

ELABORACIÓN

1 Pon el helado de vainilla, las galletas Oreo, el chocolate blanco y la leche en una batidora de vaso. Tápala y bate hasta que todos los ingredientes queden bien triturados.

2 Vierte el batido en un vaso alto y decóralo con nata montada y trocitos de galleta Oreo Golden.

TUS RECETAS

INGREDIENTES

ELABORACIÓN

INGREDIENTES

ELABORACIÓN

INGREDIENTES

ELABORACIÓN

INGREDIENTES

ELABORACIÓN